CATALOGUE

D'UN CHOIX DE

MÉDAILLES ANTIQUES

OBJETS D'ART ET DE CURIOSITÉ

ET D'UNE BELLE COLLECTION

D'ESTAMPES

DESSINS, PHOTOGRAPHIES, ETC.

DONT LA VENTE AUX ENCHÈRES PUBLIQUES AURA LIEU

HOTEL DROUOT, SALLE N° 4

Au premier étage,

Les Vendredi 17 et Samedi 18 Avril 1874

A UNE HEURE 1/2 PRÉCISE

*La vente de Médailles, Antiquités, etc., le Vendredi 17 Avril,
d'Estampes, Dessins et Photographies, le Samedi 18 Avril.*

Me **DELBERGUE-CORMONT**, Commissaire-Priseur,
rue de Provence, 8.

C. ROLLIN et **FEUARDENT**, Experts, 4, rue et place Louvois.

M. **CLÉMENT**, Expert, Marchand d'Estampes de la Bibliothèque Nationale,
rue des Saints-Pères, 3.

EXPOSITION PUBLIQUE : *Le Jeudi 16 Avril 1874,*
DE DEUX HEURES A CINQ HEURES

PARIS — 1874

CONDITIONS DE LA VENTE

Elle sera faite au comptant.

Les Acquéreurs paieront cinq pour cent en sus des enchères.

ORDRE DES VACATIONS

Vendredi 17, Médailles.

Samedi 18, Estampes.

Les dessins seront vendus à 4 heures.

MÉDAILLES ANTIQUES

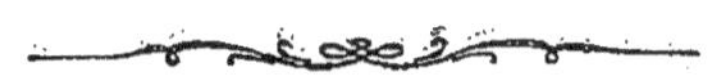

GAULE. — Massilia.

1. Tête de bélier, à gauche. ℞. Creux. ℛ¹ F. D. C.
2. Tête d'Apollon, à gauche. ℞. MA. Roue. ℛ¹ F. D. C.

SAMNIUM. — Aesernia.

3. VOLCANVM. Tête de Vulcain, à gauche. ℞. AISERNINO. Jupiter foudroyant, dans un bige à droite. Æ⁶ T. B.

CAMPANIE. — Roma.

4. Tête casquée de Rome, à droite. ℞. ROMANO. Victoire debout, suspendant une couronne à une palme. ℛ⁵ T. B.
5. Tête de Mars? à droite. ℞. ROMA. Cheval courant à droite. Au-dessus une massue. ℛ⁵ B.

CALABRE. — Tarente.

6. Tête d'Hercule jeune, à droite. ℞. TAPANTINON. Figure dans un bige au galop, à droite. OR³
7. Tête de Jupiter, à gauche. ℞. TAPAΣ. Pégase à gauche. OR²
8. TAPAΣ. Tête d'Apollon, à gauche. ℞. ⊦H. Hercule debout assommant le lion. OR¹
9. TAPAΣ. Taras sur un dauphin, à gauche. Dessous, péoncle. ℞. Pégase marin au galop, à droite. ℛ⁶ T. B.

CALABRE. — Tarente.

10. Tête diadémée de femme, à gauche. ℞. **TA**. Cavalier à droite couronnant son cheval.   Æ⁵ B.

11. Deux Cavaliers au galop, à gauche ℞.**TAPAΣ**. Taras sur le dauphin, à gauche, portant la Victoire, un bouclier et deux lances.   Æ⁶ T. B.

12. Cavalier au galop à gauche; une Victoire debout pose un diadème sur la tête du cheval. ℞. **TAPAΣ IOP**. Taras sur le dauphin, tenant un bouclier et une lance. Deux pièces.
Æ⁶ B.

13. Cavalier au pas, à gauche; une figure nue debout couronne le cheval. ℞. **TAPAΣ**. Taras sur le dauphin, à droite, tenant un arc et une flèche.   Æ⁶ T. B.

14. **OΛYMΠIΣ**. Cavalier au repos, à droite, couronnant son cheval. ℞. Taras sur le dauphin, à gauche, tenant un trident et un rhyton.   Æ⁵ T. B.

15. **ΣHPÁMBOΣ KΛH**. Même cavalier. ℞. **TAPAΣ**. Taras sur le dauphin, à gauche, tenant un trident et l'acrostolium. Très-rare et superbe drachme.   Æ⁵ F. D. C.

16. Tête de Pallas. ℞. **TA**. Hercule étouffant le lion. Cinq pièces variées.   Æ² B.

LUCANIE. — Héraclée.

17. Tête de Pallas à droite, le casque orné du monstre Scylla. ℞. **HPAKΛ**. Hercule debout étouffant le lion.   Æ⁶ B.

18. Même tête. ℞. **EYΦ**. Hercule debout de face, tenant un arc et appuyé sur sa massue; une Victoire le couronne.
Æ⁵ B.

19. Même tête d'un autre style. ℞. **HPAKΛHI**. Hercule debout, de face, appuyé sur sa massue de la gauche, se couronnant de la droite.   Æ⁵ T. B.

20. Tête casquée de Pallas. ℞. **HPAKΛ**. Hercule étouffant les serpents, et deux autres types. Trois pièces.   Æ² T. B.

Metaponte.

21. Tête barbue et casquée, à droite. ℞. META. Epi. Æ⁵ T. B.

22. Tête de femme à gauche. ℞. META. Épi.　　　Æ⁵ B.

23. Tête de femme couronnée d'épis, à droite. ℞. META. Deux épis.　　　Æ² B.

Posidonia.

24. ΠΟΣΕΙ. Neptune debout. ℞. Taureau à gauche. Deux pièces.　　　Æ¹ et Æ² B.

Thurium.

25. Tête de Pallas à droite, casque orné du monstre Scylla. ℞. ΘΟΥΡΙΩΝ ΣΜ. Taureau cornupète à droite, dessous une torche.　　　Æ⁸ B.

26. Même tétradrachme, avec APH au-dessus du taureau.　　　Æ⁸ B.

27. Même type, avec ΣΩ.　　　Æ⁷ B.

28. Tête de Pallas à droite, casque orné de lauriers. ℞. ΘΟΥΡΙΩΝ. Taureau cornupète à droite.　　　Æ⁵ T. B.

Velia.

29. Tête de femme à droite. ℞. ΥΕΛΗ. Chouette.　　　Æ³ B.

BRUTTIENS (in genere).

30. Tête de Jupiter à droite, ℞. ΒΡΕΤΤΙΩΝ. Aigle éployé à droite.　　　Æ⁵ T. B.

Croton.

31. Tête de Junon, de face. ℞. Légende rognée. Hercule assis à gauche, tenant un vase à une anse; dans le champ, massue et carquois.　　　Æ⁶ T. B.

32. Même pièce, la tête d'Hercule plus fine.　　　Æ⁶ T. B.

33. Même tête. ℞. ΚΡΟΤΩΝΙΑ. Même type, l'Hercule tient sa massue de la gauche.　　　Æ⁶ B.

34. Deux autres variétés de la même pièce, moins belles. Æ⁶.

35. ΚΡΟΤΩΝΙΑΤΑΣ. Tête d'Apollon à droite. ℞. Hercule enfant, assis à terre, étouffant les serpents.　　　Æ⁵ T. B.

Croton.

36. Même pièce d'un style différent.   Æ⁵ B.

37. Tête d'Apollon à droite. ℞. KPO. Trépied.   Æ⁶ T. B.

Rhegium.

38. Tête de lion de face. ℞. PHΓINΩN. Tête d'Apollon à droite. (Il manque un morceau de la pièce.)   Æ⁷ T. B.

39. Même pièce, drachme.   Æ³

40. Tête de lion. ℞. PH entre deux feuilles de laurier.   Æ¹.

41. Têtes accolées des Dioscures, à droite. ℞ PHΓINΩN. Jupiter debout, à gauche.   Æ⁴ T. B.

Terina.

42. TEPINAIΩN. Tête de femme à droite, les cheveux relevés dans un large bandeau orné. ℞. Femme ailée à gauche, une main posée sur la base sur laquelle elle est assise, l'autre sur un caducée.   Æ⁵ T. B.

43. Même pièce, moins belle.   Æ⁵ B.

44. Même tête sans le bandeau, travail plus récent. ℞. Même figure, un oiseau posé sur la droite. Pièce d'un très-beau style.   Æ⁵ T. B.

45. Même tête à gauche. ℞. Le même,   Æ³

SICILE. — Himera.

46. HIMEPA. Coq à gauche. ℞. Crabe.   Æ⁵ T. B.

Syracuse.

47. Légende rognée. Tête de Proserpine à gauche. ℞. Hercule un genou en terre, étouffant le lion. Le revers de cette rare pièce est parfaitement complet et la figure bien placée dans le champ de la médaille.   OR³ T. B.

48. ΣΥΡΑΚΟΣΙΩΝ. Tête de femme à gauche, la tête ceinte d'un large bandeau, tous les cheveux relevés; dans le champ, quatre dauphins. ℞. Figure dans un quadrige au galop, à gauche; au-dessus, une Victoire couronnant le conducteur; dessous, un dauphin.   Æ⁷ T. B.

Syracuse.

49. ΖΕΥΣ ΕΛΕΥΘΕΡΙΟΣ. Tête laurée de Jupiter, à gauche. ℞. Cheval courant à gauche. Pièce d'un très-beau style. Æ⁷ T. B.

50. ΣΥΡΑΚΟΣΙΩΝ. Tête de Proserpine à gauche. ℞. ΙΕ. Taureau cornupète à gauche. Très-belle patine verte. Æ⁵ F. D. C.

51. Même légende et même tête. ℞. Figure dans un bige au galop, à droite. Æ⁵ T. B.

52. Sans légende, même tête. ℞. ΣΥΡΑ. Dauphin à droite; dessous un pétoncle. Æ³ T. B.

53. ΣΥΡΑΚΟΣΙΩΝ. Tête d'Hercule jeune, à droite. ℞. Lion courant à droite, au-dessus une massue. Æ⁵ T. B.

Agathocle, *roi de Sicile.*

54. ΚΟΡΑΣ. Tête de Cérès couronnée d'épis, à droite. ℞. ΑΓΑΘΟΚΛΕΙΟΣ. Victoire debout, à droite, érigeant un trophée. Ʀ⁶ B.

55. ΣΟΤΕΙΡΑ. Buste de Diane, à droite. ℞. ΑΓΑΘΟΚΛΕΟΣ ΒΑΣΙΛΕΩΣ. Foudre. Æ⁶ B.

Gelon II, *roi.*

56. Tête de Gelon, à gauche. ℞. ΣΥΡΑΚΟΣΙΩΝ ΓΕΛΩΝΟΣ. Victoire dans un bige au pas, à droite. Ʀ⁵ F. D. C.

CHERSONÈSE. — Panticapae.

57. Tête de Pan, à droite. ℞. ΠΑΝ. Partie antérieure d'un griffon, à gauche. Æ⁵ F. D. C.

THRACE. — Aenus.

58. Tête de Mercure à droite. ℞. ΑΙΝΙ. Chèvre à droite; devant, une amphore renversée. Pièce très-rare et d'un style remarquable. Ʀ⁶ F. D. C.

59. Même tête de face. ℞. ΑΙΝΙΩΝ. Chèvre à droite; devant, un cep de vigne. La tête de cette pièce est très-belle et d'un grand style. Ʀ⁷ T. B.

Thasos.

60. Tête barbue de Bacchus à droite. ℞. ΘΑΣΙΩΝ. Hercule,
un genou en terre, tirant de l'arc. Deux pièces. ℞⁴

Lysimaque, *roi*.

61. Tête cornue de Lysimaque ou d'Alexandre, à droite. Æ.
ΒΑΣΙΛΕΩΣ ΛΥΣΙΜΑΧΟΥ. Pallas Nicéphore assise, à
gauche. Æ⁹ B.

62. Même pièce d'un style différent. Æ⁷ T.B.

62 *bis*. Même pièce, drachme. Æ⁵ B.

MACÉDOINE. — Amphipolis.

63. Tête d'Apollon, de face, un petit chien courant sur le
cou. ℞. ΑΜΦΙΠΟΛΙΤΩΝ. Torche allumée au milieu d'un
carré dans le champ A. Æ⁶ T.B.

Neapolis.

64. Masque de face. ℞. ΝΕΟΠ. Tête de femme au milieu d'un
carré. Æ³ T.B.

ROIS DE MACÉDOINE. — Perdicas II.

65. Cheval au pas à droite. ℞. Casque au milieu d'un carré.
Æ³ B.

Archelaus.

66. Tête diadémée du roi à droite. ℞. ΑΡΧΕΛΑ. Cheval au
pas dans un carré creux. Rare et belle pièce. Æ⁶ B.

67. Cavalier macédonien au pas à droite. ℞. Partie antérieure d'un lion à droite, dans un carré creux. Æ³ B.

Amyntas II.

68. Tête barbue d'Hercule à droite. ℞. ΑΜΥΝΤΑ. Cheval au
repos à droite, dans un carré creux. Æ⁵ B.

69. Même pièce, moins belle, style différent. Æ⁵

Philippe II.

70. Tête laurée d'Apollon à droite. ℞. ΦΙΛΙΠΠΟΥ. Figure
dans un bige à droite, dessous un bouclier. OR⁵ F.D.C.

Philippe II.

71. Tête de Jupiter à droite. ℞. ΦΙΛΙΠΠΟΥ. Cavalier macédonien au pas à droite, dessous N. $Æ^8$ T.B.

72. Même pièce d'un autre style. $Æ^7$ T.B.

Alexandre III (*le Grand*).

73. Tête de Pallas à droite. ℞. ΑΛΕΞΑΝΔΡΟΥ. Victoire allant
à gauche, tenant une couronne et un étendart; dans le
champ ΣΙ, une palme et un caractère phénicien. Le
revers de cette pièce est d'un style remarquable. OR^4 T.B.

74. Même pièce d'un autre travail, également d'Asie. OR^4 T·B.

75. Autre variété frappée en Macédoine. OR^4 T.B.

76. Même tête. ℞. ΑΛΕΞΑΝΔΡΟΥ. Arc et carquois. OR^2 B.

77. Tête d'Hercule jeune à droite. ℞. ΑΛΕΞΑΝΔΡΟΥ. Jupiter
Aétophore assis à gauche; dans le champ M. $Æ^7$ T.B.

78. Même pièce; dans le champ AP. $Æ^7$ T.B.

79. Autre; sous le siége Σ. $Æ^7$ B.

80. Autre; dans le champ ΑΙΝΗΤΩΝ et rose, sous le siége
PO. Pièce rare. $Æ^8$ T.B.

81. Autre, AP sous le siége. $Æ^7$ T.B.

82. Autre, Θ sous le siége. $Æ^7$ B.

83. Drachmes variées au même type. Trois pièces. $Æ^4$ T.B.

84. Obole au même type. Pièce rare. $Æ^1$ T.B.

Philippe III.

85. Tête d'Hercule jeune à droite. ℞. ΦΙΛΙΠΠΟΥ, Arc, massue, dans le champ un trident. OR^2 B.

86. Même tête. ℞. ΦΙΛΙΠΠΟΥ. Jupiter Aétophore assis à
gauche. $Æ^4$ T.B.

THESSALIE. — Larissa.

87. Tête de femme de face. ℞. ΛΑΡΙΣΑΙΩΝ. Cheval paissant
à droite. $Æ^5$

THESSALIE. — Larissa.

88. Tête de femme à gauche, les cheveux relevés dans un large bandeau. ℞. ΛΑΡΙΣΑΙΩΝ. Cheval au galop à droite ; le tout dans un carré creux.   ÆR⁵ F.D.C.

Oetaei.

89. Tête de lion à gauche, tenant un fer de lance dans sa gueule. ℞. ΟΙΤΑΩΝ. Hercule debout de face, portant une massue horizontale.   ÆR³ B.

ÉPIRE (in genere).

90. Têtes accolées de Jupiter et de Junon à droite. ℞. ΑΠΕΙΡΩΤΑΝ. Foudre ; le tout au milieu d'une couronne de chêne.   ÆR⁴ T.B.

Pyrrhus, *roi*.

91. Tête de Cérès à gauche ; devant, une grenade ; dessous, une coquille. ℞. ΒΑΣΙΛΕΩΣ Π.... Pallas thessalienne à gauche ; dans le champ foudre, étoile et A. Pièce rare, mais trouée.   OR⁴

92. Tête de Cérès à droite. ℞. Le même.   ÆR⁵ B.

93. Deux pièces de bronze du même règne et un Alexandre Iᵉʳ. Trois pièces.   Æ⁴.⁶.

AETOLIE (in genere).

94. Tête d'Atalante à droite. ℞. ΑΙΤΩΛΩΝ. Sanglier à droite.   ÆR⁴ B.

LOCRIDE. — Opontii.

95. Tête de Cérès à gauche. ℞. ΟΠΟΝΤΙΩΝ. Ajax nu, armé, allant à droite ; à ses pieds, deux lances.   ÆR⁶ T.B.

CORCYRE.

96. Diota. ℞. Creux profond.   ÆR³ B.

BÉOTIE. — Thèbes.

97. Bouclier béotien. ℞. Θ. Tête barbue de Bacchus à droite. Rare et belle pièce.   ÆR⁵ T.B.

BÉOTIE. — Thèbes.

98. Tête d'Hercule jeune. ℞. Massue, arc, etc. Deux pièces.
$Æ^3$ B.

ATTIQUE. — Athènes.

99. Tête de Minerve à droite. ℞. AΘE, et monogrammes.
Chouette sur un diota renversé. $Æ^8$ B.

Aegina.

100. Tortue de mer. ℞. Creux divisé en sept parties.
$Æ^3$ T.B.

101. Deux dauphins. ℞. NO. Même creux, et une pièce de
Salamine. $Æ^3$ B.

ACHAIE. — Corinthe.

101 *bis*. Tête de Pallas dans un carré creux. ℞. Pégase courant à gauche. $Æ^4$ B.

102. Cinq autre pièces argent et bronze.

Sicyon.

103. ΣΕ. Chimère allant à gauche. ℞. Colombe volant au milieu d'une couronne. $Æ^6$ T.B.

104. Même pièce, didrachme et drachme. 2 pièces. $Æ^4$

105. Arcadie, Parium, Pergame, etc. Huit pièces. Æ et Æ. B.

ÉLIDE.

106. Tête d'aigle à gauche. ℞. FA, foudre ; le tout dans une
couronne. Pièce rare. $Æ^7$ T.B.

107. Tête de Junon à droite, avec un large diadème orné.
℞. Aigle éployé de face, au milieu d'une couronne.
Pièce rare et d'un très-beau style. $Æ^7$ T.B.

108. Même tête à gauche. ℞. Aigle au repos à gauche, au
milieu d'une couronne. Très-rare et belle pièce. $Æ^7$ T.B.

CRÈTE. — Hierapytna.

109. Tête tourelée de femme à droite. ℞. ΙΕΡΑΠΥΤΝΕΩΝ.
Palmior à côté, un aigle éployé (didrachme). $Æ^6$ B.

PONT. — Phanagoria.

110. Tête de Bacchus à droite. ℞. Carquois; dans le champ, monogramme. Æ⁷ T.B.

111. Sinope, Mytilène, Clazomène, Colophon, Ephèse, Erythrée, Milet, Smyrne, etc. Dix-neuf pièces. Æ et Æ.

MYSIE. — Cyzique.

111 *bis*. Tête de Proserpine couronnée d'épis à gauche. ℞. KYZI. Tête de lion à gauche, dessous un thon. Æ⁶.

IONIE. — Incertaines.

112. Tête barbue d'Hercule à gauche. ℞. Creux. OR¹ T.B.

113. Tête de femme, à droite, les cheveux relevés. ℞. Tête de Bacchus dans un carré. OR¹ T.B.

114. Tête de Pallas à droite. ℞. Chouette, à droite, au milieu d'un carré. OR¹ T.B.

Chios.

115. Sphynx accroupi, à gauche; devant, un diota. ℞. HPIΔANOΣ sur une bande placée sur deux lignes. Æ³ B.

CARIE. — Rhodes.

116. Tête d'Apollon de face. ℞. AMEINIAΣ. Rose; dans le champ, une proue de navire. Æ⁷ T.B.

117. Même pièce, moins belle. Æ⁷.

118. Même pièce avec MNAΣIMAXOΣ. Magnifique pièce. Æ⁹ F.D.C.

119. Même pièce. Deux modules. Æ² et Æ⁵.

Cnide.

120. Tête de lion à droite. ℞. KNI. Tête de Vénus dans un carré creux. Æ² F.D.C.

121. Trois autres pièces de la même ville. Æ¹ et Æ².

ROIS DE CARIE. — Hecatomnus?

122. HKA. Tête de lion à gauche. ℞. Fleur épanouie. Æ⁴ T.B.

Pixodare.

123. Tête d'Apollon de face. ℞. ΠΙΞΩΔΑΡΟΥ. Jupiter allant à droite, portant la *bipenne* et un sceptre. Æ^4 B.

124. Pixodare et Maussolle. Deux pièces au même type. Æ^3.

PAMPHYLIE. — Side.

125. Tête de Pallas à droite. ℞. Tête de face. 2 pièces. Æ^1.

CILICIE. — Tarsus.

126. Jupiter assis à gauche. ℞. Lion à gauche; au-dessus Δ et un G. B. de Gordien III. Æ^5 et Æ.

Dernès? et Siennesis? (*Satrapes*).

127. Légende palmyrénienne. Apollon debout, à gauche, tenant un sceptre et sacrifiant sur un autel; à ses pieds un corbeau (?). ℞. Pallas Nicéphore debout à gauche; dans le champ, devant une grenade. Rare et belle pièce. Æ^6 B.

ROIS DE LYDIE.

128. Têtes affrontées d'un lion et d'un taureau. ℞. Creux divisé en deux parties. Æ^4 T.B.

SYRIE. — Alexandre II.

129. Tête de Bacchus jeune à droite. ℞. ΒΑΣΙΛΕΩΣ ΑΛΕΞΑΝΔΡΟΥ. Éléphant allant à gauche. Æ^3 F.D.C.

Antioche.

130. Tête de Jupiter à droite. ℞. ΑΝΤΙΟΧΕΩΝ ΤΗΣ ΑΥΤΟ-ΝΟΜΟΥ. Jupiter assis à gauche. Æ^5F.D.C.

PHÉNICIE. — Aradus.

131. Abeille, dans le champ ꟼ B. ℞. ΑΡΑΔΙΩΝ. Cerf devant un palmier. Æ^4.

ÉGYPTE. — Alexandre Aegus.

132. Tête d'Alexandre couverte d'une peau d'éléphant à droite. ℟. ΑΛΕΞΑΝΔΡΟΥ. Pallas Thessalienne à droite; dans le champ, aigle, casque et monogramme.   ℛ^S.

Cléopâtre Ire.

133. Tête de la reine sous les traits d'Isis à droite. ℟. ΠΤΟΛΕ-ΜΑΙΟΥ ΒΑΣΙΛΕΩΣ. Aigle à gauche. Deux pièces.

Æ^7 et Æ^4 T.B.

CYRÉNAIQUE (in genere).

134. ΚΥΡΑΝΑΙΩΝ. Victoire dans un quadrige au pas à droite. ℟. ΠΟΛΙΑΝΘΕΥΣ. Jupiter debout à gauche; la gauche sur un sceptre, une patère dans la droite; devant lui le *thymiaterion*.   OR^4 B.

135. Tête d'Apollon à droite. ℟. ΚΥΡΑ. Lyre.   Æ^3 T. B.

ZEUGITANIE. — Carthage.

136. Tête de Cérès à gauche. ℟. Cheval au repos à droite.

OR^4 T.B.

137. Quatre monnaies consulaires ℛ et un G. B. d'Hadrien, etc. six pièces.   ℛ et Æ.

138. Lot de quatre très-belles pièces grecques fausses. OR,

ℛ et plomb.

ANTIQUITÉS

ET OBJETS D'ART, ETC.

139. Une très-belle statuette de Mars casquée, ou peut-être du
fondateur de la ville de Métaponte, avec cuirasse très-
ornée ; il reste encore des traces des incrustations d'argent. Manquent les bras et une partie des jambes. Une
cnémide ornementée reste presque entière. Magnifique
patine vert clair. — Haut., 20 cent.

140. Manche de couteau antique, avec un lion dévorant une
proie.

141. Vénus debout; albâtre. Manquent les bras. Masque terre
cuite, et une tête de lion en bronze. 3 pièces.

142. Pierre gravée représentant une Vénus debout, de face,
arrangeant sa chevelure ; dans le champ, CAN KΓA.

143. Belle pâte de verre bleu antique avec deux figures.

144. Autre belle pâte de verre violet avec Hercule debout.

145. Boîte en chêne ayant servi à renfermer les médailles,
garnie de velours à l'intérieur, et divers autres petits
objets.

146. Une très-belle tasse à café, porcelaine de Sèvres pâte
tendre, avec le portrait de madame Victoire; fond gros
bleu, fleurs et ornements émaillés.

147. Tabatière en écaille avec portrait de Louis XV en miniature.

148. Email. Portrait de Marie-Adélaïde de Savoie, duchesse de Bourgogne.

149. Deux petits flambeaux en argent aux armes, finement ciselés.

150. Plateau ; belle porcelaine allemande.

151. Dix-neuf coupes, fioles, gobelets, tasses à café, plateaux. etc., chinois et japonais ; plusieurs pièces avec montures. Ce lot sera divisé.

152. Salières, couteau et fourchettes ; porcelaine allemande.

153. Petite boîte à mouches en argent avec émail.

154. Petite boîte en argent avec sujets religieux.

DESSINS

Anonyme moderne.

1. Femme couchée, vue de dos. Gouache.

BOUCHER (F.).

2. Femme vue de dos. Très-beau dessin au crayon noir, rehaussé de blanc, sur papier teinté. Encadré.

GOYA (F.).

3. Une Femme voilée. Beau dessin au crayon noir. Signé.

4. Homme entraîné par des démons. Beau dessin au crayon noir. Signé. Ces deux dessins sont encadrés.

HUTIN.

5. Vase soutenu par trois femmes nues. Au crayon rouge.

ROBERT (L.).

6. Tête de femme. Très-beau dessin aux trois crayons. Encadré.

ESTAMPES

ALDEGRAVER (H.).

7. Rhéa Sylvia (B. 66). Belle épreuve.

AMAN (Josse).

8. Coligny (Gaspard de), Amiral de France (B. 17).

Anonymes.

9. Henri III et Henri IV, sur la même feuille ; en bas l'assassinat et la mort de Henri III. Les inscriptions sont en français et les vers du bas en hollandais.

10. Marie de Médicis, reine de France et de Navarre. Belle épreuve.

11. Mademoiselle Lescot, de la Comédie italienne. Belle épreuve.

ANSELIN (J.-L.).

12. La Belle Jardinière (Mme de Pompadour), d'après C. Vanloo. Superbe épreuve avec marge.

BALECHOU (J.-J.).

13. Madame de Châteauroux, sous la figure de la Force, d'après J. M. Nattier. Très-belle épreuve.

14. La même estampe. Très-belle épreuve.

15. Auguste III, roi de Pologne, d'après H. Rigaud. Très-belle épreuve.

BALECHOU et VIDAL.

16. La Force et la Justice. Deux pièces d'après J. M. Nattier. Très-belles épreuves.

BARTOLOZZI (F.).

17. Thoughts on Matrimony, d'après Smith. La Jouissance, par Bouquet, d'après Vallin. Deux pièces.

18. Frédéric II, roi de Prusse. Très-belle épreuve avant toutes lettres.

BAUDOIN (D'après).

19. Le Bain. Jolie pièce gravée en couleur, par N. F. Regnault. Très-belle épreuve.

BÉATRIZET (N.).

20. Henri II, roi de France, en buste (B. 3). Très-belle épreuve du deuxième état.

BEAUVARLET (J.-F.).

21. Hippolyte de la Tude Clairon, représentée dans le rôle de Médée, d'après Vanloo. Très-belle épreuve.

BENOIST (G.-Ph.).

22. Mademoiselle Clairon, d'après Lungberger. Belle épreuve.

BLOT (M.).

23. Le Jugement de Pâris, d'après Vanderwerf. Belle épreuve. Encadrée.

BONASONE (J.).

24. La Vierge assise, vue de profil, et ayant sur ses genoux l'Enfant Jésus qui la regarde, en mettant un anneau au doigt de sainte Catherine, qui est à genoux devant lui ; d'après le Parmesan (B. 47). Très-belle épreuve.

25. Étude d'une figure nue d'un homme qui porte une croix, d'après Michel-Ange (B. 79). Superbe épreuve.

26. Le Pape Marcel II, revêtu des ornements pontificaux (B. 349). Très-belle épreuve, du premier état.

BONNET (L.-M.).

27. Portrait de madame de Pompadour, gravé en imitation du pastel, d'après Boucher. Très-belle épreuve. Rare.

BOUCHER (D'après F.).

28. Les Quatre parties du Jour, gravées par Petit. Dans cette suite, se trouve le portrait de mademoiselle Sallé, d'après Fenouil. Très-belles épreuves, avec marge.

29. Vénus et l'Amour, gravé par Michel Aubert. Très-belle épreuve.

30. Diane sortant du bain, gravé par E. Hédouin.

31. Hercule et Omphale. Pièce gravée en manière noire. Très-belle épreuve.

32. Vénus et Énée, gravé par P. F. Courtois. Très-belle épreuve.

33. La Muse Erato, gravée par J. Daullé. Très-belle épreuve.

34. Danaë, couchée sur un lit et entourée d'Amours. Épreuve avant toutes lettres.

35. Diane et Actéon, gravé par Beauvarlet. Épreuve avant toutes lettres.

CARAGLIO (Attribué à).

36. Jupiter et Junon. Pièce lascive. Belle épreuve. Très-rare.

CARDON (Ant.).

37. Portrait de madame Récamier, d'après R. Cosway. Très-belle épreuve avec marge.

38. La même personne, gravée par Adam et Girard, d'après Gérard. Deux pièces.

CARRACHE (Augustin).

39. Pan dompté par l'Amour (B. 116). Superbe épreuve. Collection R. Dumesnil.

40. Les Petites Pièces lascives (B. 123, 138). Suite de treize pièces. Belles épreuves. Rares.

CARRACHE (Augustin).

41. Le Sondeur (B. 36). Belle épreuve d'une pièce rare.

42. Sivel (Jean-Gabriel) (B. 153). Très-belle épreuve.

43. Vecelli (Titien) (B. 154). Très-belle épreuve.

CARRACHE (An.).

44. Jupiter et Antiope (B. 17). Très-belle épreuve.

CATHELIN (L.-J.).

45. Portrait de Pierre Jelliot, d'après Tocqué.

CHALLE (D'après).

46. Le Portrait chery. Jolie pièce en couleur. Belle épreuve.

47. Le Baiser donné. — Le Baiser refusé. Deux pièces gravées en couleur. Belles épreuves, encadrées.

CHARDIN (D'après J.-B.-S.).

48. L'Instant de la méditation, gravé par L. Surugue. Très-belle épreuve, avec marge.

49. La Petite Fille aux cerises, gravée par C. N. Cochin. Belle épreuve.

50. Etude du dessin, gravé par le Bas. Très-belle épreuve.

51. Dame prenant son thé, par Fillœul. Très-belle épreuve.

52. La Maîtresse d'école, gravé par Lépicié. Très-belle épreuve.

CHENU (P.).

53. Madame Favart, dans une guirlande de fleurs et de feuillages, d'après Garand. Très-belle épreuve.

CHEREAU (F.).

54. Portrait de madame de Sabran, d'après Vanloo. Très-belle épreuve, avec marge.

55. Portrait de la marquise de Prie, d'après Vanloo. Très-belle épreuve, avec marge.

CHERON (ÉLISABETH-SOPHIE).

56. Portrait de l'artiste, d'après elle-même (R. D. 1). Très-belle épreuve du deuxième état. Rare.

CHODOWIECKI (D.).

57. Frédérique-Sophie-Wilhelmine, princesse de Prusse. Belle épreuve.

COCHIN (D'après C.-N.).

58. Concours pour le prix de l'étude des têtes et de l'expression, gravé par J.-J. Flipart. Très-belle épreuve.

COURBES (JEAN DE).

59. Sidney (Mary), comtesse de Pembrock. Petit portrait in-8. Très-belle épreuve.

COUTELLIER.

60. Mademoiselle Contat, de la Comédie française, dans le rôle de Susanne du mariage de Figaro. Très-belle épreuve.

CRESPY (G.-M.).

61. Portraits de la duchesse de Bourgogne et de la princesse de Conti. Deux très-jolis petits portraits, au milieu d'un entourage d'ornements.

CUNEGO (D.).

62. Portrait de la fille de Robert Strozzi, d'après Titien.

DAULLÉ (J.).

63. Madame Favart, dans le rôle de Bastienne, d'après Vanloo. Bonne épreuve.

64. Louis XV, roi de France, d'après Rigaud. Très-belle épreuve.

DEBUCOURT (P.-L.).

65. Calèche se rendant au rendez-vous de chasse, d'après Carle Vernet. Très-belle épreuve, encadrée.

DEMARCENAY DE GHUY.

66. Portraits de Turenne, du maréchal de Saxe, et Jeanne d'Arc. Trois pièces. Très-belles épreuves.

DESCOURTIS (Ch.-M.).

67. Vue des Tuileries, du côté du château. — Vue des Tuileries, du côté du Pont-Tournant. Deux pièces gravées en couleur, d'après De Machy. Belles épreuves.

DE TROY (D'après).

68. Le Jeu du Pied-de-Bœuf, gravé par Cochin. Très-belle épreuve.

Divers.

69. Lithographies, par Aubry-le-Comte, Léopold Robert et autres. Cinq pièces.

70. Portraits de Paesiello, B. Pascal, Ch. Plantin, Maurice de Saxe, H. de Montmorency, Charles XII, roi de Suède, etc., etc. Vingt-neuf pièces.

71. Portraits de Préville, de la Comédie française. Quatre pièces.

DREVET (P.).

72. Hélène Lambert, comtesse de Motteville, d'après de Largillière. Superbe épreuve.

DREVET (P.-J.).

73. Louis XV, roi de France, d'après Rigaud. Grand portrait, en grand costume et manteau royal. Très-belle épreuve.

74. Adrienne Le Couvreur, dans le rôle de Cornélie, d'après Coypel. Très-belle épreuve avant l'E au mot modèle; manque de conservation.

75. La même estampe. Très-belle épreuve avec marge.

DURER (Albert).

76. La Vierge à la couronne d'étoiles (B. 31). Très-belle épreuve. Rare.

DURER (ALBERT).

77. Le Groupe des quatre femmes nues (B. 75). Très-belle épreuve.

DYCK (ANT. VAN).

78. Le Titien et sa maîtresse. Très-belle épreuve avant les mots : Titien inventor cum privilegio regis, et avant l'adresse de Bonenfant.

École française, XVIIIe siècle.

79. La Leçon de musique. Très-jolie pièce, de forme ovale, en couleur. Belle épreuve, sans marge.

EDELINCK (G.).

80. Bourgogne (Louis de, petit-fils de France), d'après Hellart (R. D. 159). Belle épreuve..

81. Descartes (René), célèbre philosophe, d'après F. Hals (R. D. 181). Très-belle épreuve, du premier état.

EISEN (D'après CH.).

82. L'Automne. — L'Été. Deux pièces gravées, par de Longueil. Très-belles épreuves avant toutes lettres.

83. La Marchande de chansons. Très-belle épreuve.

EISEN ET COSWAY (D'après).

84. Tarquin et Lucrèce, gravé par Janinet. — Jupiter et Léda, par Sitep. — Jupiter et Danaë. Trois pièces en couleur. Très-belles épreuves.

ELLUIN.

85. Le Kain (Henri-Louis), comédien ordinaire du roi, d'après Berteaux. Très-belle épreuve.

FICQUET (ÉTIENNE).

86. Buste de Cicéron, d'après Rubens. Très-belle épreuve.

87. Descartes (René), d'après Hals. Très-belle épreuve.

88. Jean de Lafontaine, de l'Académie française, d'après Rigaud. Très-belle épreuve, au ruisseau blanc.

FICQUET (Étienne).

89. Molière (J. B. Poquelin de), d'après Coypel. Très-belle épreuve.

90. Montaigne (Michel de), d'après Dumoustier. Très-belle épreuve.

91. Le même portrait. Très-belle épreuve.

FLIPART (J.-J.).

92. Madame Favart, en buste, d'après C. N. Cochin. Très-belle épreuve.

FORSTER (F.).

93. Les Trois Grâces, d'après Raphaël. Très-belle épreuve avant la lettre, portant le n° 27. Encadrée.

FRAGONARD (D'après H.).

94. Le Contrat, gravé par Blot. Très-belle épreuve avant la dédicace.

95. La Fontaine de l'Amour, gravé par Regnault. Très-belle épreuve.

96. La Gimblette. Belle épreuve sans marge.

97. L'Inspiration favorable, gravée par L. M. Halbou. Très-belle épreuve.

98. Le Temps orageux. Beau paysage gravé, par J. Mathieu. Très-belle épreuve.

FRANÇOIS (J.).

99. Pèlerins sur une place, à Rome, d'après Delaroche. Bonne épreuve. Encadrée.

GAILLARD (R.).

100. Galitzin (Catherine, princesse de), d'après Vanloo. Belle épreuve.

GAUCHER (Ch.).

101. Marie Leczinska, reine de France, d'après J. M. Nattier. Belle épreuve avec le texte au verso.

GAULTIER (L.).

102. Portrait équestre de Jeanne d'Arc, gravé en 1612. Très-belle épreuve

103. Henri IV, roi de France. Belle épreuve.

GAYWOOD (R.).

104. Marguerite Lemon, d'après Van Dyck. Très-belle épreuve.

GESSNER (S.).

105. Cinq pièces de son œuvre. — Aminta, d'après Prud'hon, gravé par Roger. Six pièces.

GHISI (George).

106. Cupidon couché sur un lit, près de Psyché, couronnée comme lui par une des Heures qui est debout sur le lit à gauche de l'estampe, d'après J. Romain (B. 45). Belle épreuve portant au verso la signature de P. Mariette, 1672.

GOEPFFERT.

107. Le Matin. Jolie pièce en couleur. Très-belle épreuve.

108. La même pièce. Belle épreuve.

GOLE (J.).

109. Bourgogne (Louis, duc de), d'après de Troy. Très-belle épreuve.

GOURDELLE (P.).

110. Marie Stuart, reine d'Ecosse. Belle épreuve.

GREUZE (D'après J.-B.).

111. La Cruche cassée, par J. Massard. Très-belle épreuve.

112. L'Oiseau mort, gravé par J. J. Flipart. Très-belle épreuve.

GUNST.

113. Charles XII, roi de Suède. Grand portrait in-fol. Très-belle épreuve.

HOGENBERG (R.).

114. Henri de Lorraine, duc de Güise, pair et grand maréchal de France. Petit portrait rare. Belle épreuve.

HOGENBERG (Attribué à).

114 *bis*. François de Valois, duc d'Alençon, puis d'Anjou. Très-belle épreuve sans aucunes lettres. (Le même portrait, d'après le même tableau, est gravé par Th. de Leu. R. D. 297.)

HONDIUS (H.).

115. Richelieu (Armand-Jean du Plessis, cardinal de), ministre d'Etat. Très-belle épreuve.

HUET (J.-B.).

116. Bergers gardant leurs troupeaux. Deux pièces à l'eau-forte, signées J. B. Huet, l'an 5. Très-belles épreuves.

HUET (D'après J.-B.).

117. L'Amour enchaîné par les Grâces. — Diane au bain. Deux pièces gravées en couleur par Bonnet. Très-belles épreuves.

118. Le Silence de Vénus, par Bonnet. — Vénus enivrant l'Amour, d'après Boucher, par Mme Dupont. Deux pièces en couleur.

119. Pygmalion amoureux de sa statue, par Jubier. — La Jolie Baigneuse sortant du bain, d'après Barbier, par Copia. Deux pièces en couleur.

120. Ce qui est bon à prendre est bon à garder, gravé par Chaponnier. Très-belle épreuve avant la lettre.

JACQUEMART (Jules).

121. Bracelets. — Médailles grecques. — Statue, vue de Venise, par Sylvestre. Quatre pièces.

JANINET (F.).

122. Les Confidences. Pièce de forme ronde, gravée en couleur. Belle épreuve sans marge.

123. L'Amour rendant hommage à Vénus sa mère, d'après Boucher. Pièce en couleur. Très-belle épreuve.

124. Vénus désarmant l'Amour. — Vénus en réflexion. Deux pièces gravées en couleur, d'après Charlier. Très-belles épreuves sans marge.

125. Réveil de Vénus, d'après Charlier. Très-belle épreuve en couleur.

126. Vénus sur les eaux, gravé en couleur, d'après Charlier. Très-belle épreuve.

127. Madame Favart, dans le rôle de Roxelane. Très-jolie pièce en couleur. Très-belle épreuve.

128. Mademoiselle Contat, rôle de Suzanne, dans le Mariage de Figaro. Très-belle épreuve en couleur.

129. Madame Dugazon, rôle de Nina, d'après Dutertre. Très-belle épreuve en couleur.

130. Madame Dugazon, rôle de Babet, dans Blaise et Babet. Très-belle épreuve en couleur.

131. Madame Vestris, rôle de Gabrielle de Vergy. — Mademoiselle Saint-Huberti, rôle de Didon. Deux pièces en couleur. Très-belles épreuves.

132. Mademoiselle Colombe l'aînée, dans la Colonie. — Mademoiselle Saint-Huberti. Deux portraits en buste. Très-belles épreuves en couleur.

133. La Danse. Jolie pièce en couleur. Très-belle épreuve.

JANINET (A Paris, chez).

134. Buste de femme, gravé et imprimé en bistre.

LANCRET (D'après).

135. Grandval, gravé par J. Ph. Le Bas. Très-belle épreuve.

LARMESSIN (N. DE).

136. Louis XV, roi de France et de Navarre. Portrait en pied, d'après Vanloo. Très-belle épreuve avec marge.

137. Louis XV, roi de France et de Navarre, d'après Vanloo. Très-belle épreuve avec marge.

LASNE ET BRIOT.

138. Espernon (Jean-Louis de la Valette, duc d'), pair et colonel général de l'infanterie française. Très-belle épreuve.

LAVEREINCE (D'après).

139. Le Serin chéri, gravé en couleur par Dnargle. Très-belle épreuve. Rare.

LE BEAU (P.-A.).

140. Mademoiselle Dutey, d'après L'Aîné. Belle épreuve.

141. Mademoiselle Raucour, de la Comédie française. Belle épreuve.

142. Roxelane, d'après Dugoure. Très-belle épreuve.

LELU (P.).

143. Attitudes de danse exécutées à l'Opéra par le sieur Doberval et mesdemoiselles Guimard, Allard et Pélin, en 1779. Deux pièces gravées à l'eau-forte. Très-belles épreuves, avec marge.

LEPICIÉ (B.).

144. Portrait de Charlotte Desmares, d'après Charles Coypel. Superbe épreuve.

145. La même estampe. Très-belle épreuve.

LEROUX (J.-M.).

146. Léda, d'après Léonard de Vinci. Très-belle épreuve avant la lettre.

LEU (TH. DE).

147. Conti (Jeanne de Coesme, princesse de). (R. D. 350.) Très-belle épreuve du premier état.

148. Conti (Louise de Lorraine, princesse de). (R. D. 351.) Très-belle épreuve.

~~149. Conti (Louise de Lorraine, princesse de). Belle épreuve.~~

150. Henri II, roi de France (R. D. 386). Belle épreuve.

151. Montmorency (Henri de), connétable de France. Très-belle épreuve.

152. Vendôme (César, duc de), fils légitimé de Henri IV et de Gabrielle d'Estrées. Très-belle épreuve.

LEYDE (LUCAS DE).

153. La Vierge debout sur un croissant, dans une niche (B. 81). Très-belle épreuve.

LITTRET (CL.-A.).

154. Portrait de madame de Pompadour, d'après Schenau. Très-belle épreuve, avec marge.

MARIAGE (L.-F.).

155. Portrait de madame du Boccage, in-8. Très-belle épreuve, plus une lithographie du même personnage. Deux pièces.

MARIN (L.).

156. La Chocolatière. Epreuve avant la lettre et avant la bordure.

MELLAN (CL.).

157. Henriette-Marie de Buade Frontenac. Très-belle épreuve, avec marge.

Monogramme A. B. 1571.

158. Charles IX et Elisabeth d'Autriche. Deux portraits in-8 imprimés sur la même feuille. Très-belles épreuves avec marge.

Monogramme P. M. E.

159. François II, roi de France. — Marie Stuart. Deux portraits gravés et imprimés sur la même planche. Très-belles épreuves.

MONNET (D'après).

160. Jupiter et Anthiope, gravé par Vidal. Belle épreuve.

MOREAU (D'après J.-M.).

161. La Partie de wisch, par Dambrun. Belle épreuve.

162. La Grande toilette, par Romanet. Belle épreuve.

163. Les Adieux, par de Launay. Belle épreuve.

164. Vignettes et Portrait de Lafontaine, gravés par Delvaux, pour illustrer la fable de Psyché. Neuf pièces. Belles épreuves.

MONSALDY.

165. Portrait de madame Dugazon, d'après Isabey. Belle épreuve.

NATTIER (D'après).

166. Madame de... en Flore, gravé par Voyez le jeune. Très-belle épreuve avec marge.

167. La Belle Source, gravé par Melini. Belle épreuve.

168. La même estampe. Très-belle épreuve avec marge.

169. Madame Marie-Louise-Thérèse-Victoire de France, gravée par R. Gaillard. Belle épreuve.

170. La même estampe. Belle épreuve.

NANTEUIL (R.).

171. Christine, reine de Suède, d'après Bourdon. Bonne épreuve.

NELLI.

172. François II, roi de France, petit portrait posé sur un cartouche d'ornements. Très=belle épreuve.

PASSE (Crispin de).

173. Marguerite de Valois, reine de Navarre. Très-belle épreuve.

Photographies.

174. Sous ce numéro il sera vendu environ trois cents Photographies, grandes et petites, d'après les antiques du Musée du Louvre, British Museum. Galerie des Offices à Florence, musées de Rome et d'Italie, etc.

PICART (J.).

175. Montmorency (le baron Guillaume de), d'après un tableau peint en 1525. Belle épreuve. Rare.

PLATE-MONTAGNE (N. de).

176. François Ier, roi de France, d'après Janet. Très-belle épreuve.

PORPORATI.

177. Le Coucher, d'après Vanloo. Très-belle épreuve avant toutes lettres.

178. Le Bain de Léda, d'après le Corrége. Superbe épreuve avant la lettre, avec marge.

PRUD'HON (D'après).

179. Phrosine et Mélidor, gravé par Roger. Très-belle épreuve avant la lettre, les noms d'artistes à la pointe, sur chine.

180. Daphnis et Chloé, par Roger.

181. La Grotte, par Roger. Épreuve avant la lettre.

182. Vignette de la suite de l'Art d'aimer, par Copia. Très-belle épreuve avant la lettre.

183. La Liberté, gravée par Copia. Très-belle épreuve du premier état.

PRUNEAU (N.).

184. Les Réflexions bachiques, d'après Julien. Belle épreuve.

PRUNEAU (N.).

185. Portrait de madame Favart, dans la pièce des *Trois Sul-*
tanes, de M. Favart, d'après Simonet. Très-belle épreuve,
avec marge.

QUEVERDO.

186. Nouvelle du bien-aimé. Belle épreuve.

RAIMONDI (Marc-Antoine).

187. Adam et Eve s'enfuyant du Paradis (B. 2). Très-belle
épreuve.

188. Léda, par A. Vénitien (B. 232). Belle épreuve.

189. Muse (B. 273). Superbe épreuve.

190. Femme assise près d'un vase, par A. Vénitien (B. 475).
Belle épreuve.

191. François Ier, roi de France, gravé par Augustin Vénitien (B. 519). Très-belle épreuve.

192. Le pape Paul III, nu-tête, gravé par A. Vénitien (B. 521).
Très-belle épreuve.

REMBRANDT (Paul Van Rhyn).

193. Portrait de Rembrandt, en ovale (B. 23). Cl. 23, C. B. 232.
Très-belle épreuve.

194. Jésus-Christ en croix entre les deux larrons (B. 79),
Cl. 84, C. B. 54. Très-belle épreuve.

195. La Fortune contraire (B. 111), Cl. 113, C. B. 81. Très-
belle épreuve.

196. Femme nue, les pieds dans l'eau (B. 200), Cl. 497, C. B.
164. Deux épreuves.

REYNOLDS (S.-W.)

197. Portrait de madame Grassini, dans le rôle de Zaïre,
d'après madame Le Brun. Très-belle épreuve.

RIBERA (G.).

198. Le Corps mort de Jésus-Christ (B, 1). Très-belle épreuve.

199. Silène (B. 13). Très-belle épreuve.

RICHARDSON-JACKSON (J.).

200. Portrait de Rachel, d'après Dubufe.

ROMANET (A.).

201. Dame Julie de Villeneuve-de-Saint-Vincent, petite-fille de madame de Sévigné, d'après Berthelmy. Belle épreuve.

SAINT-AUBIN (Aug. de).

202. Jupiter et Léda, d'après Paul Véronèse. Superbe épreuve avant la lettre, avec grande marge.

SCHEFFER (A.).

203. Allons. Lithographie originale. Belle épreuve.

SIROUY.

204. Entrée des Croisés dans Constantinople, d'après Delacroix. Grande lithographie sur chine.

SIXDENIERS.

205. Portrait de J. B. Poquelin de Molière, d'après Coypel.

STEEN (F. Van den).

206. Portrait du duc et de la duchesse de Brabant, d'après Rubens. Belle épreuve.

STRANGE (R.).

207. Vénus. — Danaé. Deux pièces faisant pendant, d'après Titien. Très-belles épreuves.

208. Cléopâtre, d'après Guido Reni. Très-belle épreuve.

209. Les Enfants de Charles Ier, d'après Van Dyck. Belle épreuve.

SUDRE (P.).

210. L'Odalisque, d'après Ingres. Très-belle épreuve, avec une dédicace de Ingres à M. Percier.

211. Tête de l'Odalisque, d'après Ingres.

VALCK (G.).

212. Ortance Manchini, duchesse de Mazarin, d'après P. Lely. Très-belle épreuve.

VANLOO (D'après).

213. Le Coucher à l'italienne, gravé par Isabey. Très-belle épreuve, imprimée en bistre.

214. La même estampe. Belle épreuve.

VERMEULEN (C.).

215. Agnès-Françoise Lelouchier, comtesse d'Arco, d'après J. Vivien. Très-belle épreuve.

VICO (Eneas).

216. Les Amours de Léda et de Jupiter changé en cygne (B. 25). Belle épreuve.

VLEUGHELS (D'après le chevalier).

217. Le Bapst. — La Jument du compère Pierre. Deux pièces gravées par de Larmessin. Très-belles épreuves avec marge.

WATTEAU (Ant.).

218. L'Homme appuyé (H. D. 3). Épreuve sans nom ni adresse.

WATTEAU (D'après Ant.).

219. Les deux Cousines, gravé par Baron. Très-belle épreuve avec marge.

220. Le Chat malade, gravé par J. E. Liotard. Superbe épreuve. Rare.

WATTEAU (D'après Ant.)

221. Bon voyage. — Les Entretiens badins. Deux pièces gravées par Crepy et B. Audran. Très-belles épreuves.

222. La Favorite de Flore. — Le Berger content. Deux pièces gravées par Moyreau et Crepy. Très-belles épreuves avec marge.

223. La Game d'Amour, gravé par Le Bas. Très-belle épreuve.

WIERIX (J.).

224. Henri III, roi de France. Portrait in-fol. Très-belle épreuve.

WILLE (J.-G.).

225. Maurice de Saxe, maréchal de France, d'après Rigaud.

226. Charles-Louis-Auguste Foucquet de Belle-Isle, maréchal de France, d'après H. Rigaud. Très-belle épreuve.

227. Maurice de Saxe, maréchal de France, d'après H. Rigaud. Très-belle épreuve.

228. Frédéric II, roi de Prusse, électeur de Brandebourg, d'après Pesne. Très-belle épreuve.

229. Sous ce numéro, il sera vendu quelques gravures encadrées, plusieurs lots non catalogués, et les portefeuilles de la collection.

SUPPLÉMENT

BEHAM (H.-S.).

230. Léda (B. 112). Très-belle épreuve.

DELACROIX (Eug.).

231. Marguerite à l'église. Très-rare épreuve avant toute lettres.

DUSART (Corneille).

232. Le Violon assis (B. 15). Très-belle épreuve. Elle porte au verso la signature de J.-G. Wille, 1760. Collection Soleil.

FICQUET (Étienne).

233. René Descartes, d'après F. Hals. Très-belle épreuve.

234. Charles Eisen, dessinateur du Roi. Très-belle épreuve.

235. Françoise d'Aubigné, marquise de Maintenon, d'après Mignard. Très-belle épreuve, sur papier double.

JANINET.

236. La Comparaison, d'après Lavereince. Superbe épreuve.

237. L'Aveu difficile, d'après Lavereince. Superbe épreuve.

JANINET (Attribué à).

238. Jeunes Femmes, représentées dans différentes positions. Suite de quatre estampes de forme ronde, gravées en et imprimées sur la même feuille. Superbes épreuves, avec marges. Rares.

LAVEREINCE (D'après).

239. Le Billet doux, gravé par N. de Launay. Superbe épreuve avant la lettre, avec les armes.

LAVEREINCE (D'après).

240. L'heureux moment, gravé par N. de Launay. Superbe
épreuve avant la dédicace.

MEISSONNIER.

241. Le petit Fumeur. Superbe épreuve sur chine.

242. Marche de Lansquenets. Très-belle épreuve sur chine.

243. Polichinelle debout. Très-belle épreuve.

244. Le Rapport. Très-belle épreuve sur chine.

NANTEUIL (ROBERT).

245. Colbert (Jean-Baptiste), contrôleur général des finances.
(R. D. 71). Superbe épreuve du troisième état, avec
marge.

POLLET (R.).

246. Portrait d'Alfred de Musset, d'après Landelle. Très-belle
épreuve sur chine.

REGNAULT (N.-F.).

247. Le Bain, d'après Baudoin. — Le Lever. Deux pièces gravées en couleur. Superbes épreuves. Rares.

ROGER (B.).

248. Aminta. Très-belle épreuve avant la lettre, sur chine,
avec marge.

SAINT-AUBIN (A. DE).

249. Louise-Émilie, baronne de ***. Superbe et rare épreuve,
avec le nom du maître écrit à la pointe et avant toute
adresse.

Paris. — Typ. PILLET fils aîné, 5, rue des Grands-Augustins.